鄧啓著

治國指要

附「儒林憶往・政壇簡薦」

文史哲出版社印行

國立中央圖書館出版品預行編目資料

治國指要 / 鄧啟著. -- 初版. -- 臺北市 : 文
史哲, 民８４
面 ; 公分
ISBN 957-547-980-7(平裝)

1. 國家倫理 2. 中國 - 傳記

782.18 84012077

治國指要

著者：鄧啓
出版者：文史哲出版社
登記證字號：行政院新聞局局版臺業字五三三七號
發行人：彭正雄
發行所：文史哲出版社
台北市羅斯福路一段七十二巷四號
郵撥〇五一二八八一二彭正雄帳戶
電話：三五一一〇二八
印刷者：文史哲出版社

實價新台幣一二〇元

中華民國八十四年十一月初版

ISBN 957-547-980-7

自序

余生平治學，認為任何學問必須經世致用，故於治國之術多加致力。前已出版「資治文鑑」（商務印書館）及「治術興邦」（文史哲出版社）二書，近感尚須補充，因撰「治國指要」八章，簡要易明，備為掌國者之一助。後附「儒林憶往．政壇簡薦」四十餘則，其中多余親識所知，亦有少數所聞者，備為士林參考。夫任何學人之言行，必須有益後學，其中有可師者，有可敬者，亦有一人可憎者，要皆於士林可風焉。

中華民國八十四年九月二十八日

作者簡介暨寫作說明

鄧啓

字子發，山西懷仁人，民國十年生。國立山西大學畢業，私立華西大學研究所研究。曾任太原綏靖公署少將參事、軍委會委員長成都行轅少將參議、銓敘部簡任秘書、私立華西大學副教授、國立清華大學教授、教育部特約編審、中華日報主筆、省立暨國立臺北工專教授，先後近三十年。

鄧氏兼治文史，主張學問之道必須經世致用，近年致力於治術之學，鑽研如何治國經邦。著作有「資治文鑑」、「治術與邦—治國要領」、「國史新論」、「修己論綱」（亦名「心性論綱」）、「司馬光學述」、「通鑑論贊輯要箋」、「存養錄」及本書等。其闡揚儒學作品，曾獲新加坡政府特函讚譽。

治國指要目次

附「儒林憶往・政壇簡薦」

附：儒林憶往

治國指要

一、智力定興亡

從前蔣方震寫過「戰爭論」一書，將古今戰爭勝負的條件，歸納成幾個要點，他說：「生活條件與戰鬥條件一致則勝，生活條件與戰鬥條件不一致則敗，生活條件與戰鬥條件相反則亡。」這幾句名言可謂創見。近年來我默默研究歷代的興亡成敗史，也歸納出幾個要點，就是：「智與力俱強則勝，智強力弱勉可自保，智弱力強多敗，智力俱弱則亡。」這幾個原則不僅適用於歷代政爭，也適用於任何大企業的經營，前者指興亡，後者指成敗。

先從我國歷代興亡來看，堯舜禹禪讓相傳，主因是當時無權可爭，只有服務。商周興起固然均智力不差，實則乃因桀紂自取滅亡。嬴秦之智在將六國各個整破，得以一統天下。劉邦興起，智賴張良迭出奇計，力仗韓信殲滅群雄。王莽亡在智力庸劣，故光武取之。董卓之亡智力尤差。曹操因智強而力漸壯大，他能迎漢獻帝挾天子以令諸侯，這是最高的智謀，故得雄據北方。劉備賴諸葛之智，僅據巴蜀。孫權賴周瑜魯肅之智，得據東吳。司馬懿智高於人，篡位而穩得天下。但後代庸愚，自相殘殺。及乎東晉，智力俱弱。隋僅曇花一現，李唐興起，以李世民之智力，冠絕群雄，用能摧枯拉朽，開貞觀之治。及五代紛爭，皆不足論。趙宋巧取，智力俱弱，故有宋一代積弱極矣。元人恃力而取天下，故傳世不久。朱明趁異族之疲而逐之，贏得民心。滿清趁明末朝政不振入關，恩威並濟，得傳十世。及乎晚年，女主干政貪墨成風，終導敗亡。以上各朝興亡，是爲智力強弱的明證。

再從中外大企業來看，任何企業均係由小及大，首須主持者有智謀，當然也須財力。同性質的企業，國內外彼此競爭，有的用聯合壟斷辦法，減低成本加強財力，如此者容易成功。若獨資奮鬥孤軍競爭，十九失敗。再則如某一有潛力業務，人尚未注意到，已先投資經營，及他人也來著手，我已優先獲利。

日本松下幸之助的智謀，人稱經營之神，可資借鑑。

再如研究發明，亦同此理。美國早有原子彈，故能於二次大戰時擊敗日本。馬克斯發明共產理論，故能影響使蘇聯中共等成赤色帝國。這些都是以智取勝，也增強其力。

綜上所述，可知古今無論任何事業欲求成功，必須既有智又有力，智力結合才能成功，智力俱弱必遭失敗。特高之智也可逐漸增強其力，僅恃力而無智十九失敗。歷代興亡如此，企業成敗如此，研究發明如此。不論從事政治或企業，欲求成功應多理解智與力的重要。這是我個人的心得特地公開出來，願國人多加注意！

二、權力判成敗

郅治之世現今已無，近代國家施政，皆藉權力施行。譬如政府設署任官，何黨執政即由何黨爲之。又如發行幣制，執政者可因需要而發行。早年有金本位或銀本位制，必需有金或銀爲準備金，比例發行鈔票。今則不需金銀，執政者有權印鈔發行。他如選舉總統、省長、州長、市縣長、及民意代表，任何才俊若無鉅額金錢輔選，絕對無望當選。故表面號召選賢與能，實則選出者多爲平庸之輩。世人多年來嚮往民主政治，實則今世各國多爲平庸政治，每一當選者能不貪污枉法，已不可多得。更特殊者，我國執政黨都有自練軍隊，民國以來北洋政府、國民政府、共產政府皆是。亦即這些政府皆有力。

現代國家多爲政黨政制，即在野黨與執政黨競爭之政制。任何國家之執政黨，若能誠心推行政令，無營私舞弊，已不可多得，民心即擁護之，下屆選舉穩可當選。若某一國之執政黨作風反是，下屆選舉十九失敗。

故現世各國政制可謂權力政治，亦即執政者有權施行一切，不論設署任官、發行幣制、制定政經方案等，均可以權力行之。余嘗謂現代政制可稱之爲「權主政制」，毫無民主成份，其實質內容確乎如是。

就上所述，現代政制爲權力政治，一經執政即有權力，有權即可制定法律、可修改法律、可設署任官、可印行鈔票、可編訂預算、可徵兵指揮、可從事一切。這是現代政制的特殊現象，謂之爲權力政治，也就是權力判成敗。亦即有權而施政優良者即成，有權而施政不良者即敗，這是今世各國的普遍現象。

三、治國賴公忠

談到公忠，數年前我自撰一聯做爲座右銘曰：

生平慕諸葛公忠子房智計
垂老信管商治國儒士修身

諸葛亮究竟如何公忠治國呢？陳壽在「諸葛亮傳」中評曰：

諸葛亮之爲相國也，撫百姓，示儀規，約官職，從權制，開誠心，布公道。盡忠益時者，雖讎必賞；犯法怠慢者，雖親必罰；服罪輸情者，雖重必釋；游辭巧飾者，雖輕必戮。善無微而不賞，惡無纖而不貶。庶事精練，物理其本，循名責實，虛僞不齒。終於邦域之內，咸畏而愛之。刑政雖峻，而無怨者，以其用心平而勸戒明也。可謂識治之良才，管蕭之亞匹矣。

諸葛亮公忠到廢廖立李嚴而二人不怨。及亮卒，廖立爲之無泣，李嚴且發病死，其公可以見了。張良迭出奇計，佐劉邦取天下，及劉接位封功臣，良自請封留，留地貧瘠，人棄而不取。其後天下既定，良乃閉門辟穀，敝屣名位，其無私之心可見。二公眞値得後人敬佩。

可是世人多慕榮利，爲了榮利不惜賄賂邀寵，攀附權貴，不以爲恥。我國全部二十五史中，公忠治國者能有幾人？攀龍附鳳者比比皆是。近五百年來歷任執政者，不論皇帝也好，總統也好，北洋政府也好，國民政府也好，共產政府也好，能舉出幾個公忠治國者？幾乎是鳳毛麟角。由於彼此爭權奪利，所以愈治愈亂。

所以掌國者必須公忠始可有爲，若未能公忠，先求無私，能無私而漸求公忠，雖不中不遠矣。

四、國本在教育

國家欲圖長治久安，必須以教育紮根，有優秀之國民，始易有優良的治績。未聞國民水準庸劣，能有良好治績者。當年英德兩國教育良好，因之兩國國民優秀，兩國治績亦頗優良。民國初年我國邊遠地區文盲頗多，教育亦落後，因之當地政府治績亦落後。

如何始能將教育辦好？首先必須培養出優秀師資，應品學兼優，以便以身作則。師庸而望學生優秀，未之有也。次則必須以國學打基礎，側重品德教育。今日學校排品德課程者甚少，上焉者專授智識課程，下焉者二者皆差。故有老師誘姦女生者，有老師拳打學生不准發問者，引起家長到校理論，弄成糾紛。此皆因學校忽視品德教育，未培養出優良師資之故。

再則今日我國課程，側重抄襲西方智識，有的不合國情。西方科學文明固然優先我國，學習模仿理所當然，但西方品德教育，遠不如我國先賢所示，尤其電影及小說，多以男女愛情爲主，有時過於猥褻，我國青年學習，流弊滋生，以致色情泛濫，今後教材以力避之爲好。

又如今日大專教師學術論文送審，審查者多要求㈠作品字數愈多愈好，若只要言不繁，認爲分量不夠，不予過關。㈡要求作者撰時必須如西方格式，若只如我國傳統論文格式，也認不合格。㈢我國傳統避免抄襲，今日要求作者儘量引證他人說法，抄襲愈多愈好，審查者認爲合乎論文寫法。我常謂若使老子復生，以「道德經」僅僅數千言，如果送審亦必被打回，審查者認爲全不合格。所以我認今後我國應學西方學術的優點，避免其劣點，如此方爲善學。

總之：今後我國教學選材，必須合乎我國國情，培植師資以品德爲第一；學習西方智識應取其長處，棄其短處，如此造就出品學兼優人材，以提升國民水準。國民水準優秀，治績自易優良。所以說國家之本在教育，教育優良，國家自易長治久安。這是第一件大事。

五、知人與用人

執政理民應先會用人，用人之先宜善知人。現行政府人事機構皆只存有人事學經歷資料，但對某人生平行爲如何，很難得知。善乎古人觀人有術，茲舉戰國時李克論相爲例：

魏文侯謂李克曰：「先生嘗言家貧思良妻，國亂思良相，今所置非成則璜，二子何如？」對曰：「卑不謀尊，疏不謀戚？臣在闕門之外，不敢當命。」文侯曰：「先生臨事勿讓！」克曰：「君弗察故也。居視其所親，富視其所與，達視其所舉，窮視其所不爲，貧視其所不取。五者足以定之矣，何待克哉？」文侯曰：「先生就舍，吾之相定矣。」句中居、富、達、窮、貧、五語，即觀人之術。成，指魏成，文侯之弟，禮賢下士，食祿千鍾，十九在外，十一在內。所交卜子夏、田子方、段干木三人，文侯皆師之。璜，翟璜也，爲魏臣。所薦吳起、西門豹、樂羊、李克、屈侯鮒數人，雖均才俊，文侯皆臣之。由此知魏成賢於翟璜。

今日執政當局，固難於人事資料中如此個個知而後用否，但高級幕僚及部會省市首長，必須詳知其爲人而後用之，否則政令推行，必難如願。若使另有知人之法，亦可併用。譬如曾國藩某次選用將領，傳令多人聚集大廳，久久曾未來臨，而從隙暗窺。覩見有默坐不語者，有垂頭喪氣者，獨一人怒目揮拳，狀甚憤懣。曾乃傳令獨留此人，乃鮑超也，後爲曾部名將，勇冠三軍。此亦觀人之法也。總之，必能知人而後用之，此乃爲政者必具條件，若使用人而不先知之，僨事失敗必然難免。不可不愼！

六、進賢退不肖

昔孔子讚揚鮑叔與子皮能薦賢，鮑叔薦管仲，子皮薦子產，二人當政齊鄭大治，故孔子讚曰薦賢爲賢。誠以無鮑叔則無管仲之治，無子皮則無子產之治，足見進賢重要。

當政者能進賢，固爲美德，若不能退不肖，乃大缺點。自古巨姦大憝，左右皆不肖之人，爲之爪牙，害國害民史不絕書。當政者若不能除此巨奸，則國事不可爲矣。故執政者或爲君主，或爲總統與總理，必須明智果斷，賢者進之，不肖者退之，有此能力始可當政。自古奸巨當權亂政，皆因當國者昏庸有以致之。史稱趙高巨奸，陷害異己，余認乃因胡亥昏庸。秦檜巨奸殘害忠良，余認乃因宋高宗昏庸。所以每一朝代若爲巨奸總攬朝政，違法亂紀爲所欲爲，皆因當國者昏瞶，授人以柄之故，不可不察也。

七、廉潔與愛民

廉潔爲治民必要條件，治民而不廉潔，成貪污政權矣。諸葛亮治蜀，「善無微而不賞，惡無纖而不貶」，其廉潔固無論矣。即商鞅治秦，太子犯法亦不倖免，刑其師保以代，證明廉亦在其中。既廉潔矣，首須愛民。周之興，武王問於太公曰：「治國之道若何？」太公對曰：「治國之道，愛民而已。」曰：「愛民若何？」曰：「利之而勿害，成之勿敗，生之勿殺，與之勿奪，樂之勿苦，喜之勿怒。此治國之道，使民之義也。愛之而已矣。民失其所務，則害之也。農失其時，則敗之也。有罪者重其罰，則殺之也。重賦斂者，則奪之也。多徭役以罷民力，則苦之也。勞而擾之，則苦之也。故善爲國者，遇民如父母之愛子，兄之愛弟。聞其飢寒，爲之哀，見其勞苦，爲之悲。」（見劉向撰「說苑」）觀此，則愛民之道盡矣。今之爲政者，便民已不易矣，能愛民乎？

八、練兵與用兵

國家不能無兵，爲了國防需要，任何國家必須有軍隊。建軍須先練兵，應選無黨派人士負責訓練，當然採徵兵制，決不募兵。練時應採西方之長，而棄其所短，練成即爲國防部隊，專爲鞏固國防之用，所謂軍隊國家化。

用兵之唯一途徑，即對抗外國侵犯挑釁，屆時舉國一致衛國保民，戰罷仍歸建制。至於地方事件，乃警察之責，警察爲人民保姆，軍警各有專責。

我國近世軍隊，幾乎爲一人或一黨控制。如袁世凱小站練兵，蔣中正黃埔練兵，毛澤東井崗山練兵，三者均逐漸壯大，皆爲一人或一黨控制，大違軍隊國家化原則。此所以數十年來國內戰亂迭起，相互攻伐，成動亂不安之局。

所以今後欲圖保國安民，必須嚴守軍隊國家化制度，軍隊專用於對外禦侮，保境安民，此則必須當政者有此雅量及擔當，非淺識自私者所能爲。如有當政者私慾薰心控制軍隊，欲一人或一黨獨裁，屆時全國及各黨派共擊之。務須清此亂源，為今後國人應特注意之事。

以上各節雖卑無高論，掌國者若能認眞實行，相信必能撥亂返治。若只私心自用，高唱民主，行與言相反，此乃盜民主之名，行獨裁之實，必將失敗可以斷言。

儒林憶往

余生平所識通人學士不少，偶思宜擇其言行可供今人借鏡者，略爲介紹。茲先撰數十人如下：

一、劉師培經師才高

劉師培字申叔，世稱國學大師。民國初年一度暫寓太原，與郭象升同任山西省督軍公署高等顧問。申叔博極群書，未讀過山西通志，其書都六十巨冊，每晨入署，申叔手携一冊與郭對坐，且談且翻。兩月後郭暗試之，申叔對答如流，記憶力特強。故郭嘗謂申叔能過目不忘，自謙不如。申叔飽學能文，與章太炎齊名，黃侃且尊之爲師，可惜天不假年，否則成就未可限量。

二、郭象升大儒淹博

郭象升字可階，別號允叔，山西晉城人。學問淹博，我生平尚未之見，於九經四史略能背誦，舊學新知無不過目。先生文筆高古，下筆極速，雄奇俊逸兼而有之。抗戰前每週末在其宅淵照樓講學，名流咸集，座無虛席。某次聽衆就席，忽有人提醒某一文債須即交卷，先生笑請諸位稍候，頃刻交成，座中傳閱，讀之鏗鏘，介乎韓柳，衆皆嘆服。先生講時口若懸河，徵引極富，我曾憶對大學中庸參同契各講，奧義層出，多發前人之所未發，每畢一講，所獲即足撰一篇學術論文。先生對後進獎掖甚力，我初謁賈公煜如時，賈告稱：「允叔謂君能文」，我聞愧忽，知先生爲後進譽揚，前輩用心如此其厚。先生記憶力特強，嘗謂能目下二行，著述甚豐，惜多散失，今僅「文觿」一稿在臺出版，即正中書局所刊之「文學研究法」。其書所論文心文派各篇，前無古人。今人治學多賴卡片或抄錄資料，先生則悉賴記憶，經其寓目之文章典籍，往往能脫口而出。賈煜公亦嘗謂生平所識通人學者名滿天下者不少，而雄文淵博能如允師者，尙未之見。

三、賈景德名高能謙

賈景德字煜如，別號韜園，山西沁水人。弱冠舉進士，歷掌名公幕府，文名籍甚，自視甚高。而獨於三晉通儒郭象升允叔，欽佩備至。民國二十五年秋，賈公重修祖塋，時公任太原綏靖公署秘書長，我任綏署同上校秘書，助公理文案。賈公於軍書旁午之際，兩月間自撰碑誌約十八九篇，每成一篇輒交我曰：「送給你郭老師看看！」我如命往。郭師閱後，往往於精采處爲之圈點，遇小不妥則援筆爲之訂正。我呈賈公，公輒點首連稱很好，或曰：「允叔通人，眞知我也。」其推重郭師者如此。

四、王闓運聯折群儒

王闓運字壬秋，湖南人。博學能文，名滿天下。袁世凱稱帝時，卑詞厚禮擬請王爲籌安會領導人，王婉卻南歸。某次江浙名流耳王之名，適鎭江關帝廟落成，邀王來鎮詩酒相會。座中請王爲關帝廟撰一聯，時王蓬頭散髮不修邊幅，王見座中人有輕視竊笑者，乃略加思索，下筆直書曰：

匹馬斬顏良，河北英雄皆喪膽。

單車赴魯肅，江南名士盡低頭。

下聯隱罵江浙名士，著即雕板懸之廟前。一座爲之氣嬴。

五、梁漱溟面折錢穆

梁漱溟錢穆均自學成名，得爲大學教授。抗戰末日本投降，閻長官錫山應邀抵渝與中樞商軍國大事，某日閻邀宴梁錢便餐，余奉命作陪。席間余問錢治學之道，錢稱：「孔孟之道古人已說盡了，今人只闡述足矣。」我又問梁，梁曰：「治學之要必須有創見，最忌人云亦云。」梁氏早年著「東西文化及其哲學」一書，名滿文壇，錢氏則皆闡述古人作品。此二人不同處。

六、胡適梁實秋悔作新詩

胡適梁實秋均文名藉甚，胡來臺任中央研究院長。某次我因事訪胡，梁實秋適在座。我盛讚二人文名，談到新詩，請教二人看法，胡氏立稱：「我當年寫新詩，意在嘗試，後感並未成功，因而擱筆。」我又問梁，梁氏笑曰：「現在看到我寫的新詩，非常肉麻，多年來再不寫了。」辭出後我很佩服二人的坦誠。

七、趙戴文不敢為天下先

趙戴文字次隴，山西五台縣人，與閻錫山均爲留日老同盟會員。辛亥革命起義，閻趙携手光復山西，功名僅亞於閻氏。趙生平言必稱孔孟，實則亦深通黃老之術。民國二十四年冬共軍流竄，晉西告急，敵勢方張，余在天津大公報發表論華北及晉西局勢論文，閻趙兩氏閱後，特召我垂詢，某晨我謁趙於太原綏靖公署，時趙任綏署總參議，我建議趙公毀家紓難，謂局勢如此，公宜倡之。趙聆後注視我好久，笑曰：「老子曰不敢爲天下先，此豈我宜先之耶？」未幾，閻公以其家貲八十三萬圓捐輸政府，號召省民共赴國難，一時顯宦相繼響應，行且蔚成風氣。其後晉軍將共軍逐出省外，此一倡導甚有助力。

八、常乃德媲美前賢

常乃德字燕生，以文章名於世，迭主大報筆政，數千言立就。其文氣盛，勢如排山倒海，有梁任公之風，而無梁之冗贅。論者數當代文豪，推任公之氣勢，胡適之流暢，與燕生之雄偉，三人後先媲美，俱爲一代冠冕。惜乎，一生精力多擲於政論文字，若使專心學術，其成就尚不止此。曾琦有言：「要長推常，要短推左。」意指青年黨內文章巨擘而言，左者指左舜生。實則左固有識，而以文章之駿邁雄暢論，左固不如常。燕生後任國民政府委員，公餘仍在成都各大學兼課，一夕於途中暈倒，以腦溢血逝世。

九、吳貽芳飲譽坫壇

吳貽芳女士，爲金陵女大老校長，當聯合國成立時，奉派爲我國代表團代表之一，時我國代表人才濟濟，如王寵惠、張群、張君勱、孫科、曾琦、李璜、宋子文、吳鐵城、陳立夫、王世杰、董必武、吳玉章等，或則政黨領袖，或則專家學人，於四強輪值至我國主持大會之日，諸公推選主持人，皆謙讓不已，於是乃推唯一女代表吳貽芳任之，吳略謙登臺，發表演說，有條有理，恰合分際，博得全場百餘國出席政要鼓掌。處理議案，亦井井有序，贏得好評。事後有詢吳何以毫不怯場，吳略思曰：「我以全場二千餘聽衆皆爲我的學生視之，故不怯場。」衆皆大笑。

十、李璜謙退特立獨行

李璜字幼椿，聰明而有識見，形瘦小而精力旺盛。嘗謂讀書人之所以無用，在脫不下西服與長衫之故。李爲青年黨領袖之一，常鼓勵其同志應與民衆打成一片，勿慕高官厚祿，國民黨容納在野黨參加政府時，曾延李任經濟部長，李婉謝未就，意在務實際而遠名利。民國三十八年政府遷穗，我過境訪李於酒店，至則見門懸一牌，上書主人正在午睡中，後李告我每午必睡，乃因病胃多年，曾在美求醫，醫囑食務必少，日必午睡，可以長壽，李奉爲圭臬，後果享年九十餘。抗戰時我因奉派爲閻長官錫山之駐蓉代表，並兼軍委會委員長成都行轅少將參議，與川康軍政長官及各黨派領袖多有往還，頗知李之作風。

十一、馬寅初學難致用

馬寅初爲著名經濟學家，在北京各大學執教。中日戰起，是時我國幣制不統一，各省多自發行鈔票，時孔祥熙兼財政部長及四行兩局總裁，擬將發行權收歸中樞，特延馬氏精心設計，馬乃獻議由中樞發行法幣，規定比價，限期將民間金銀收歸國有，否則罰辦。因中央銀行準備金不足，藉此充實國庫。馬氏亦將其所有金銀，送中央銀行，自信改革可成功。不意一二月後法幣即不斷貶值，黑市金銀暴漲，民間怨望，到處大呼損失，馬氏受此刺激，精神頹敗不振。論者貶馬氏書生之見，學不能致用，令人譏諷不已，聲望劇跌。

十二、吳敬恆閒雲野鶴

吳敬恆字稚暉，江蘇人，與孫中山爲好友，一生贊助革命，一直不做政府官吏，以在野之身，爲孫蔣二公効力。抗戰初余由晉入川，某日車停廣元車站，突有二老欲搭便車，衆皆拒之，余識係吳稚暉及陳其采，乃迎之上車，行抵綿陽，人皆下車至餐館午食，吳則於河邊購燒餅二個與陳分食。抵成都，川康綏靖主任鄧錫侯聞知吳至，派人欲迎之赴宴，時久未得，而吳已遊舊書肆，又與余遇。吳因余允搭車之惠，特書聯一付贈余，並暢談革命不必做官之論，邇後余亦不時謁之請教。抗戰末期汪精衛出走，於南京組織政府，吳大罵指摘，直至政府遷臺，吳始終未做政府官吏，眞閒雲野鶴也。

十三、趙麗蓮功在教學

趙麗蓮女士，其母英國人，及長與唐紹儀之子結婚，而個性不投。政府撤退臺灣，麗蓮來臺先在師大任教，後爲臺大教授，公餘並在寓所開班授徒，從學者甚衆。麗蓮教學認眞，學生受益者不少，又抽暇編印英文雜誌名—Digest做爲教材，在收音機教學，並抽時在蔣公館教英文。晚年退休，仍在寓所開班授徒不輟，政府中高級要員爲其學生者不少。麗蓮一生授徒，教澤遠播，功在教學，識者同感。

十四、章炳麟言行怪誕

章炳麟字太炎，世稱國學大師，實則名實不符。太炎講學經史子集無所不談，惟時有無根之說。譬如唐初太炎堅稱建成之功勛與世民同，玄武門之變，乃世民蓄意殺建成元吉，非不得已也。其爲人亦反覆無常，太炎原與中山志同道合，爲同盟會員，後忽與陶成章大搞分裂運動，誣陷中山貪污，散發傳單要求開除中山總理之名，屢次打擊中山，一代學人行爲如是。及中山逝後，又撰聯譏之。

十五、溥心畬畫壇翹楚

溥儒字心畬，滿清皇族近裔，與溥儀同輩，曾留學德國。清朝亡後，心畬決意不做民國官吏，發憤作詩書畫，心畬之詩書畫三者皆精，爲民國以來大師中之巨擘。心畬畫作從不署民國年號，其內心之傷痛可知。心畬收徒必須行三叩頭大禮，蔣宋美齡女士本甚景慕溥畫，惟以第一夫人之尊，不願行此大禮，故未及溥門。

十六、張大千風流一生

張大千名爰，四川人，自幼隨母學畫，山水花鳥人物，無所不能。其兄張善子，善畫虎。大千自幼風流成性，妻妾多人。抗戰時四川省主席張羣宴客，座中張羣笑問大千：「君現有妻妾幾人？」大千笑曰七人。實則其中數人時分時合。大千之畫名滿中外，曾駐巴西一時期，來臺後影劇名星喜與大千接近者多，及大千病逝，有從國外飛回於靈前痛哭者。大千吸引少女之力有如此者。

十七、黃君璧困於獅吼

黃君璧粵人，為民國以來畫壇三傑之一，來臺後任國立師範大學藝術系主任多年，並於寓所授徒，從學之徒甚多。張大千收徒必須畫作已有基礎者，溥心畬收徒除行大禮外，必須住在溥寓專心致志。黃氏收徒較寬，不論有無基礎皆可，亦不必住在黃寓。其中有一女徒因師徒經常接近，與師發生感情，其夫人甚憤慨。某次年節師徒大會，其夫人當衆指摘黃與某女徒有曖昧關係，黃聆後面色難看，怒不可遏，某女徒大哭而去。自是黃不再作畫，蓋難忍爲妻所制之苦。

十八、郭沫若頗有才華

抗戰時鄧錫侯爲川康綏靖主任，某次郭沫若因事拜見，鄧知郭爲左傾文人，嗜新文藝，擬試其國學程度如何。談間忽出一聯徵對曰：

郭沫若文才莫若

郭立對曰：

鄧晉康坐鎮川康（晉康鄧之別號）

少刻鄧又出一聯曰：

金男大、金女大、男大當婚、女大當嫁、齊大非耦。（是時金陵男女大學及齊魯大學均遷在成都）

郭想片刻對曰：

市一小、市二小、一小在南、二小在北、兩小無猜。

此聯所對似不如前聯，惟鄧親告我，前人所對尚無更佳者。抗戰時余在蓉渝與川康高級軍人往還者多，得悉多有國學基礎。

十九、賈題韜奇人軼事

賈題韜字略侯，才華橫溢，抗戰時在成都各大學任教。賈幼時學奕，迅即能勝高手，善辯，能折之者少。治陽明之學，尤喜釋典。抗戰時在蓉與我隔鄰而居，常多過從，晤則談致良知，析理至微。某晨初夏，題韜突衣棉披厚毯而來，兩手抖擻，狀甚憔悴，謂棋王謝俠遜頃來蓉賽棋，爲政府募捐，已數日，無敵之者，友輩群邀其出賽。我詢悉題韜方病瘧，日發不已，堅勸不可，題韜不允。乃以存摺及金戒子二枚托我曰：「設我病歿，他日煩交余妻。」我聆憮然，遂送之往。至則見觀者雲集，在一劇院，壁懸一大棋盤，題韜逕登擂，與謝對奕，每移一子，有人於壁上大棋盤照移，自晨至晚題韜凡六勝一和，於是立取棋王榮銜而代之，祝捷炮聲不絕於耳。於是題韜嘆曰：「奕小道，可以止矣。」乃撰「象棋指歸」一書以貽後人，自是專致力於王學。久之，題韜曰：「王學不夠究竟」，乃專致力於釋道二家。是時題韜執教上庠，聲譽鵲起，所識高僧異人，多重視題韜，認有慧根。我病胃多年，甚苦，與題韜同拜一師習靜坐，方一歲，癒十之七八，惜以繁冗未繼續。久之，題韜忽曰：「道家亦不夠究竟，夫道之至高莫釋氏若。」乃專參禪，閉關兩次，精進不已。久之，題韜忽又曰：「此尙不夠究竟」，乃決計入藏修行。行前寓書告我曰：「塵世皆空，弟求究竟去矣。」竟遺其妻女入藏。是時我已來臺，今忽忽四十六年矣，回憶風采，亦儒亦道亦釋，敝屣名利，噫，題韜眞奇人哉！

二十、譚延闓量大服人

譚延闓字祖安，號旡畏，湖南茶陵人，其父譚鍾麟曾任遜清總督。祖安於光緖三十年中進士，點翰林，與賈景德、商衍鎏同榜，爲民初三進士。革命起義祖安被推爲湖南都督，其後三次督湘，並捐家資助革命軍餉。曾任國民政府主席及行政院長，工書法，學顏，楷書圓潤雄健，識者推為民國以來第一大家。民國十八年祖安在行政院長任內，某日適逢五十壽辰，有湘人張某作一壽序辱之曰：「茶陵譚氏，五十其年；喝紹興酒，打太極拳；寫幾筆嚴嵩之字，做一生馮道之官；……」等，刊諸報端極盡刻薄。祖安閱後，立約魯蕩平等數人，並箋請張某餐，張初甚懼，不意祖安溫語曰：「今之人多恭維我，君湘人能辱罵我，眞正難得，君之偉大我甚佩服，茲先以行政院參議名義聘君，月薪四百元，請委屈接受。」張君聞之慚愧滋甚曰：「畏公之量大如海，感極、感極！」此事由魯蕩平語人，因而為世所知。

二十一、謝無量一字千金

謝無量寫作俱佳，民國初年曾任孫中山秘書長，抗戰時在蓉渝與川中儒林大老飲酒賦詩，並賣文為生。某年蔣委員長中正六十大壽，川康軍人鄧錫侯、劉文輝、潘文華，派人請謝代撰壽序一篇，並書以賀蔣。謝歡然應允，開價黃金五十條為酬，鄧等允之，知謝文名遠播，必有佳作。文成派人送渝，蔣之文膽陳布雷閱後最爲激賞，旋聞此序筆潤黃金五十條，嘆曰此眞一字千金，一時傳爲嘉話。

二十二、徐永昌苦學成名

徐永昌字次宸，山西人，少時父母雙亡，家境貧困，初寄食鄰嫗家。不久投軍，年幼初爲伙夫助理，抽暇自學、漸升士官，後由校官考取陸大，嗣後不斷努力，升爲旅長，屬西北軍孫岳部下。孫逝後徐返晉隸閻錫山部下，閻以其兵學嫻熟，識見超人，擢爲山西省政府主席。民國十九年閻馮蔣戰役，徐因沉著應戰，全師而返，爲蔣知之賞識，及蔣閻和好，抗戰時蔣邀徐爲軍委會軍令部長，深謀策劃迭建奇功。日本戰敗，徐晉爲上將，奉命代表我國赴東京受降，後又兼陸大校長。徐雖軍人飽讀詩書，並時向賈景德請益，其日記不啻一部對日抗戰簡史，論者評價極高。徐顯達後，接其飯母奉養，其雙親葬地已有數十戶亂葬，無法辨識，徐乃圈入共建一大墓園供養，以表孝思。

二十三、常贊春目下兩行

常贊春字子襄，山西人，前清舉人。抗戰前在山西大學執教，每登講臺簡要數語，隨即兩手各捏粉筆一枚，同時直書滔滔不窮，直至下課時始停。子襄教課從無講義，要求學生抄其所書。當時余尙年輕，不以爲異，及今思之，雙手並書，必須目下兩行，文辭連貫，至爲不易，此一絕技今人有幾？自非飽學之儒所不能。子襄又善書法，爲晉人名書法家之一。

二十四、于右任器量恢宏

于右任陝西三原人，爲革命元老之一，早年辦報呼籲傾覆滿清，革命起義領導靖國軍與革命軍呼應。工書法，其草書運筆遒勁，爲民國以來第一大家。政府遷臺任監察院長，其書法不賣，必須人品端正誠意來求始予之。晚年一妾與侍從相通，爲于察覺，乃呼二人來問曰：「爾二人相愛呼？」二人低頭不語，戰戰兢兢，後一再追問，不得已，二人點頭示意。于乃曰：「好！既然如此，我成全你們。」並予一筆錢聽二人去。此種器量今人有幾？

二十五、徐道鄰怯難報仇

徐道鄰爲徐樹錚之子，樹錚佐段執政祺瑞，謀略決策十中八九，段深賴之。後不幸爲政敵馮玉祥刺死於廊坊。道鄰少好學，留學德國，抗戰時任銓敘部司長，並在蔣公館教蔣緯國德文。時馮玉祥雖爲軍委會副委員長，惟舊部背離星散，已無兵權，出入輕車簡從，道鄰時欲報仇，迄無毅力下手。反不如弱女子施劍翹。劍翹之父早年爲孫傳芳戕殺，劍翹蓄意爲父報仇，孫晚年下野信佛教，常在故都某佛院聽經，劍翹尾隨往聽。某次劍翹適坐孫後，聽衆正靜聽中、劍翹突袖出手鎗連發，孫立斃命。劍翹乃大呼曰：「我施劍翹，爲父報仇。」自首入獄。國人聞悉讚揚者衆，紛請政府減刑釋放，施得不死。論者謂徐道鄰爲一學人，反不如一巾幗女子，爲之惋歎不已。

二十六、汪兆銘賣國乎否？

汪精衛名兆銘，廣東人，幼即長於詩詞，文筆犀利，後加入同盟會，中山甚器重。清末曾謀刺攝政王，未中。民國建立，汪與胡漢民蔣中正分別領導黨政，汪胡資望在蔣之上，而蔣因掌軍權，蓄意打擊胡汪，胡曾被蔣囚禁湯山，汪則與蔣時合時分。民國十九年閻馮李與蔣中原大戰，汪與閻馮李合作，彼時余甫讀大學，親聆汪公開講演，剖析時事，指責蔣排除異己激成內戰，辭鋒激烈，不斷贏得掌聲。其後日本侵華，促成我舉國團結，共禦外侮，血戰數年，我軍不斷撤退，敵軍節節進逼，眼見我軍失敗，汪恐訂城下之盟，乃從渝出走經河內轉赴南京，與日談和，組織汪政府。孰料美國突以原子彈投於廣島長崎，日人死傷慘重，被迫投降。國人因指汪爲漢奸，實則汪之與日談和，乃鑑於國軍敗象已成，故不惜冒千古罵名，與日求和，其心乃在救國。任何人皆料不到美國已有原子彈，故汪究竟賣國乎？否乎？識者應有明智論評，未可人云亦云。

二十七、王雲五書生從政

王雲五早年爲商務印書館總經理，既能編印又善推銷，業務蒸蒸日上。抗戰時政府聘王爲參政員，其後政府因法幣不斷貶值，誠恐影響士氣人心，乃任命王爲財政部長，王氏本非財經專家，但勇於任事，匆促間建議政府改革幣制，實行金元券，規定五金元券值一美元。實施後一月內即不斷貶值，最後幾同廢紙。論者認王氏以書生從政，見事太易，因而導致一大失敗。政府遷臺後，王氏只在政大教書，不談政治，並經營其臺灣商務印書館矣。

二十八、陶希聖從政不利

陶希聖名彙曾，原爲北京大學教授，文筆犀利。某年假期至太原謁閻錫山，求爲山西大學校長，未成。乃往南京任蔣委員長文案，後又入汪精衛幕，甚相得。抗戰末期，汪氏從渝出走經河內轉南京組織汪政府，擬與日本先簽訂和約，陶氏與高宗武先得密約潛回重慶，政府據以發表，予汪打擊不小。陶氏反覆於蔣汪之間，國人貶讚不一。實則陶氏若能專心致力於學術，其成就應較從政爲大，至爲可惜。行憲時陶氏當選立法委員，開會時甚少發言，陶氏歷盡滄桑，似認發不發言已無關重要矣。

二十九、楊永浚功在川康

楊永浚字叔明，四川人，其先人楊芳清代因功封侯。叔明自幼飽讀詩書，尤擅古詩。抗戰時楊任西康省政府秘書長，週旋於四川高級將領之間，旨在力維川康安定，勿左傾，勿互侵，團結一致抗日。楊爲青年黨，國青民三黨合作時，中央擢楊爲行政院政務委員，頗多貢獻。某次賈景德至成都，余因爲閻長官錫山之駐蓉代表，與楊交往極熟，因宴楊賈二人懇談，楊携其詩集贈賈及我各一冊，賈閱後讚揚不已，謂時人佳作應推楊爲第一。三十八年政府由蓉撤退來臺時，賈時爲閣內閣秘書長，特交余飛機票一張，囑轉楊盼其務必來臺，楊因眷顧家室未來，成都淪陷聞不幸遇難，至爲可惜！

三十、陳布雷盡瘁黨國

陳布雷名訓恩，浙江慈溪人，原在上海商報主筆政，筆名畏壘。旋爲蔣中正賞識，延聘專司文案。陳曾任軍委會辦公廳第二處主任，浙江省教育廳長、教育部次長、國防最高委員會副秘書長等職。中日戰前，日本支持漢奸發動所謂華北特殊化，欲蠶食我國。我政府認爲日本未來必將發動戰爭，爲求拖延時日以便準備，因令陳布雷撰寫一文，分刊各報，題爲「敵乎？友乎？」舉種種理由指出中日兩國和則共利，戰則皆衰，而以徐道鄰之名發表，文長萬餘言。知之者皆譽陳氏，於是布雷之名益高。其後日本終於發動戰爭，我國被迫抗戰，血戰八年犧牲慘重，終於獲得勝利。不意軍民方甚困頓，而國共破裂演成內戰，共軍節節進逼，國軍不斷失敗，終至國軍大勢已去。陳氏自認平日贊襄領袖不力，竟爾身自服藥逝世。此眞鞠躬盡卒，死而後已。余與陳氏在渝相識，其人溫文儒雅，談及川人，陳認川省文風甚高，武人能文者亦不少，惟甚少膽略能雄霸一方者，余認甚是。

三十一、黃稺荃女中才俊

黃稺荃四川人，幼讀四書五經，聰慧上進，貌亦秀麗，及長，川中五老七賢，多加讚譽，受聘爲四川大學教授，認眞教學，學生受益甚多。其後當選立法委員，民國三十八年政府遷臺，黃因事未克前來，久久音訊渺然。在立法院女立委中，學識淵博尚無出其右者，識者多嚮往不已。黃之學生中有名王維明者，山西人，年僅二十左右，行文極速，常為成都報紙撰文，二三千字立就，評論時事，甚有見地。論者稱名師出高徒，信不誣也。

三十一、淩鴻勛築路功臣

淩鴻勛字竹銘，粵人，少年力學，三十歲即任交通大學校長，並為著名之築路專家，經其領導所築之鐵路，約近萬里，功在國家。政府撤退來臺時，曾任交通部次長，代理部務。後轉任中油公司董事長。淩氏學養深厚，和藹待人，其門人在臺任要職者，有十人之多，尹仲容、柳克述等即是。其在中油亦領導得法，為中油所有董事長中最獲屬下敬服者。淩氏抽暇出國募款又致力恢復交通大學在臺復校，而選拔他人為校長，其不自私有如此者。淩氏亦精書法，學譚延闓，惟妙惟肖，曾書一幅贈我，幾可亂眞。其客廳經常懸譚延闓、澤闓兄弟各四幅字，甚寶愛之。

淩氏逝後余曾輓以聯曰：

㈠功業足千秋、一生興學、念載煉油、最辛勞築路萬里。

典型式後葉、廉謹奉公、忠恕處世、其修養植基一誠。

論功媲美詹天佑

㈡興學正如張伯苓

三十三、葉公超功在外交

葉公超廣東人，才華橫溢，在外交界歷任要職，閻錫山組閣，擢爲外交部次長，代理部務。其在任內對外折衝，甚有建樹。尤其指揮我國駐聯合國代表，多次控蘇愈戰愈奮，最爲出色。當葉眞除部長不久，淩鴻勛正任中油公司董事長，中油有數董監事某次會後問公超學術於淩，時余兼任中油監察人，淩笑曰：「公超學識不錯，惟頗自負。當年未顯達時，致余信函稱竹公，自稱晚。及升外交部次長，稱竹銘先生，自稱弟。及爲部長，最近致函稱竹銘兄，自稱公超。凡三變。」聽者大笑。葉恭綽爲公超之叔，對淩甚器重，因此曩年公超對淩甚敬重。公超公餘喜書畫，尤對先慈鄧龔雲章太夫人之剪畫，讚揚備至，並自動爲畫冊作序。與當年美國駐華大使藍欽夫婦，皆嗜之到處譽揚。

三十四、左舜生化敵為友

左舜生爲青年黨巨頭之一，早年國民黨認青年黨爲敵黨，青年黨多高等知識份子，或在大學任教，或主報刊筆政。當日本侵華之前，不斷發動漢奸搞所謂華北特殊化，我政府爲求爭取時間，任命黃郛爲華北政務委員會委員長，與日本低調折衝，所訂協定只有忍讓，國人紛紛指責黃爲漢奸，黃久已心中不懌。某日黃忽閱上海時事新報有一短評，對黃忍辱負重，大爲讚揚。黃深爲感動，乃電詢該報，知作者爲左舜生，因邀左相會，並薦之蔣中正主席，蔣聘左在中央政校執教，左代表青年黨與之溝通，從此兩黨化敵爲友，其後且邀青年黨入閣。此一短評之力量有如此者。

三十五、曾琦合從未能成功

曾琦字慕韓，四川人，為青年黨領導人。抗戰前執政黨不承認青年黨，且常打壓。曾琦乃效蘇秦合從之術，與華北及華南實力領袖交往，如閻錫山、馮玉祥、李宗仁、龍雲等，期望合作對抗中央。唯閻等與曾政見不盡同，亦僅友誼交往而已。曾琦對新聞記者常稱閻曰伯川兄，稱馮曰煥章兄，稱李曰德鄰兄，稱龍曰志舟兄，而不冠姓，表示友誼深厚。某次報載英國前首相邱吉爾在二次大戰時與希特勒對抗情形，中央社記者適遇曾琦，乃笑問曾曰：「曾先生！您看到吉爾沒？」曾曰：「吉爾是誰？」記者笑曰：「邱吉爾。」曾知係諷刺他，連稱：「惡作劇！惡作劇！」抗戰中期，曾陷在香港，是時執政黨已承認青民兩黨，我華北華南好多省市成為淪陷區，曾無法回川，青年黨另一領導人李璜託我電請閻長官錫山，派人通過淪陷區從香港接曾氏回蓉，千山萬水月餘始得如願。勝利後國青民三黨合作，曾被聘為國民政府委員，正可發揮所長，惟曾氏因身體孱弱，此時已難問事，事實上已成青年黨之名譽領袖矣。

三十六、張伯苓視生如子

張伯苓爲南開大學兼中學校長，生平以全力創辦南開，作育青年學子甚衆。周恩來當年爲南開中學學生，家境貧困無力繳費，張氏令其在校半工半讀，免繳學費。抗戰時南開遷至重慶，抗戰中期張氏爲政府聘爲國民參政會議長，張氏建議同仁擁護政府，並請政府逐漸開放政權。抗戰勝利，最初國共談判，是時周恩來爲中共總代表，駐渝與政府折衝，有時晉謁其師致敬。其後國共關係破裂，雙方兵戎相見，最後國軍敗北，卅八年被迫撤至臺灣。張伯苓爲維護其學校留在大陸，及南開在北京復校，周恩來多方照顧其師，苦口婆心懇勸張氏不必再回南開，因中共認南開爲一右傾反共學校，周氏恐其師爲共方鬥爭。張氏念校心切，周氏百計阻撓，派人照顧其衣食起居，隔時前往致敬。當年張氏照顧周氏，視生如子，今則周氏照顧其師，視師如父，張氏得以不被共方折磨，周氏之力也。

三十七、吳鼎昌建樹多方

吳鼎昌字達銓，原籍浙江紹興，寄籍成都。早年留學日本，加入同盟會，返國先在北洋政府任職，由於徐樹錚賞識，推薦出任段祺瑞時之財政部次長，段解職後吳改任鹽業銀行總理，又發起金城、大陸、中南、鹽業四行聯合準備庫，任準備庫主席，執金融界牛耳。民國十五年吳出資五萬圓與胡政之、張季鸞三人接辦大公報，吳任社長，胡任總經理，張任總主筆，相約十年內不做官，全力經營報務。張季鸞主筆政，吳胡二人有時亦執筆撰寫社論，三人原乃留日同學，同心合力使大公報數年後即執我國報紙牛耳。國民政府奠都南京，吳於民國二十四年應蔣行政院長之徵，出任實業部長，二十六年調任貴州省主席，治理黔省政績斐然。後又調任國民政府文官長，總攬政務贊襄主席，建樹甚多。綜吳一生於財經、報紙、政務，多方發展，爲一不可多得之人才。

三十八、胡政之不計前嫌

胡霖字政之，爲大公報總經理，除編輯部事外，其他皆由經理部負責。抗戰時大公報遷至重慶，某次胡至成都視察分館業務，分館主任郭耀三宴胡及余，席間尚有范長江及楊紀等人，范楊皆該報記者，范專採訪共區新聞，撰文極速而詳，每篇刊出國人爭閱，爲名記者。席間余見胡走路一腿顚簸，胡覩余慨然曰：「君爲閻長官之駐蓉代表，此即閻氏惠我者也。」余驚問其故，始知多年前閻氏管轄晉察綏三省及京津兩市時，某次大公報刊出一不利閻氏之報導，天津警備司令楚溪春立即派兵至該館抓人，胡急中逾牆逃走，不幸跌傷，從此成爲簸腳。閻氏聞悉極爲震怒，電責楚氏斥其代表至該館道歉。胡曰：「事已過去，抓人非閻長官之意，我對閻先生與中樞合作悉力抗日，甚爲敬佩。」抗戰前後余在大公報發表過四、五篇時論，或因論蘇俄布烈斯特條約指責丁文江之失敗主義，或論「國共問題解決的大路」，或論「共軍侵入晉西北後，晉方應取如何戰略」等，均係直接寄去，大公報皆予發表。餐間胡氏忽然對我說：「我想起了，君即在敝報先後發表數篇大文之作家，所論甚是，季鸞先生也曾談過。」胡氏返渝後，忽然寄我一聘書，聘我爲該報特約撰述。我電報閻公，閻覆電嘉許。胡氏此種作風，令人敬佩。

三十九、張季鸞筆掃千軍

張熾章字季鸞，陝西人，爲天津大公報創始人之一。大公報有三巨頭，季鸞主筆政，爲總主筆。胡政之綜社務，爲總經理。吳鼎昌管財務，出資全力支持報社。季鸞文筆雄健，抗戰時撰文指斥日本，多中要害，日人恨之入骨。故天津淪陷後，該報轉至上海出版，上海淪陷後，該報轉至重慶出版，日人無如之何。抗戰之初日軍節節逼我，我軍不斷撤退，抗戰之中日軍敗象已現，季鸞日日筆伐，論者謂季鸞筆掃千軍，信不誣也。大公報極盛時，世界各國觀察我國政情，大多先參考該報之看法，故該報執我國論壇牛耳，以該報言論幾乎篇篇精采，其採用外稿，從不論識與不識，不講關係，只要內容精采，即予發表。故該報爲我國自有報以來空前絕後之報紙。惜乎，季鸞晚年訓練王芸生，期其接手，不圖芸生投機心強，思想忽右忽左，季鸞逝後，該報隨之變色，名尚存在，已非當年之大公報矣。

四十、陳方芝一代才女

陳芳芝廣東人，弱冠即於燕京大學政治系畢業，國學基礎亦不錯，詩詞古文無所不能。後留學美國，獲博士學位，返國任燕大政治系主任。抗戰時燕大遷成都，某次陳邀余在該校講演，座中數百人，講畢提出當時政經及各黨鬥爭問題，請余答覆，經一一公正解釋，歷時約兩小時半，獲得全場好評。從此芳芝與我交往，情意相投，余亦不時詢及燕大師生，均對芳芝讚揚，認爲乃該校最有才華之女教授。勝利後燕大遷返北京，芳芝約我同赴京執教，余因身負閣長官錫出之代表任務，未克前往。不久我在大公報發表「國共問解決的大路」專論，呼籲雙方息兵，各在佔區從事建設，努力爲民服務，由此爭取民意所向。芳芝來函讚許，認爲所論爲一善策。邇後國共關係破裂，演成內戰，音訊遂阻。芳傳芳芝時與左傾師生辯論，三十八年余來臺灣以後芳芝情形如何，不得知矣。此爲余生平最值得懷念之女友，亦最有才華之教授，迄今仍念念不已。

四十一、王志信冒死辦學

王志信字篤修，山東人，南開大學畢業，原在濟南辦學。三十八年大陸情勢逆轉，政府撤退臺灣，志信帶青年學生數百人，爬山陟水抵達澎湖。當地防衛司令李某嚴令其學生全部從軍，幼者只十餘歲，志信不肯，李某誣指志信爲共產黨，意欲鎗決。是時適空軍總司令王叔銘來澎視察，下機後立與志信握手，狀甚親密，原來叔銘與志信爲堂兄弟，李某覩狀態度一變。乃擇學生年長者從軍，幼者編爲澎湖子弟學校，而生活極苦。其後遷來臺灣，志信與教員數人悉心教誨，多成績優秀。惟經費据拮，政府亦鮮支援，志信乃多方募捐，慘淡經營，督使學生努力上進。其後逐漸紛紛考入大學及研究所，二十年後於政教各界多任高職，其中任大學教授者不少，亦有當選立法及考試委員者。是時志信任臺北工專教授，每當壽辰，其學生紛紛自動集會爲其慶壽，其從軍者有升至中將者。余與志信爲好友，每遇即讚揚其功在教育，志信輒曰：「我在澎湖能得不死，幸矣。何功之有？」志信爲余生平最佩服之學人，當年不僅對其學生教之，並須養之。今世如此辦學者能有幾人？

政壇簡薦

一、閻錫山與蔣介石

派我駐蓉聯絡各方

我生平喜愛研究歷史，在大學教書也開歷史課程，尤其喜歡研究歷代的政治人物。每一個政治人物的作爲，對當時的政治，或多或少會有影響，古代如此，現代也如此。即以我追隨過的幾位長官來看，他們的領導作風，都對當時局勢發生過影響。

我追隨過的幾位長官：一、閻前行政院長錫山，二、張前行政院長群，三、賈前考試院長景德。我追隨閻錫山時，他是太原綏靖公署主任，中日戰起，又兼第二戰區司令長官，我於民國二十五年夏天大學剛畢業，因在天津大公報發表過幾篇討論時局的文章，如「讀『蘇俄革命外交史的一頁及其教訓』請教丁文江」，引起一場論戰，胡適是主將，和我的論點差不多，繼而有徐逸樵、陳紹禹、康生等紛紛附和。如「國共問題解決的大路」，那時國共問題使識者憂心，此文引起各方面注意。閻錫山看到立即召見我，延我到太原綏靖公署服務，最初予以同中校秘書名義，派我在南辦公廳襄助賈秘書長景德（字煜如——政府遷臺後曾任考試院長）處理軍政文案。翌年升同上校，民國二十六年中日戰爭爆發，我升爲少將參事，奉派爲駐四川成都的代表，任務是與川、康、滇軍政各方面及各黨派做聯絡協調工作。行前我請閻錫山指示，他說：「應協調各方，擁護中央，疏解隔閡，團結對外。至於用何方法，你便宜行事好了。」

我以一個年僅二十幾歲的青年，閻氏如此信任，此所以他的部下多樂於效命，這是閻的領導作風之一。

我到蓉、渝後，立即展開與各方面接觸，如：鄧錫侯、潘文華（二人時爲川康綏靖公署正副主任），劉文輝（先是川康邊防總指揮，後任西康省政府主席），張羣（四川省政府主席兼軍委會委員長成都行轅主任），孔祥熙（行政院副院長兼四行兩局總裁），李璜（青年黨領袖之一），楊永浚（西康省政府秘書長——青年黨高幹），周恩來（政府遷渝後曾任軍委會政治部副部長——實際是共產黨總代表），張君勱（民社黨領袖），王若飛（共產黨高幹——後因飛機失事逝世），曾琦（青年黨領袖——中日戰起滯居香港，後由我電請閻錫山派人經陷區接回成都），張瀾（民初曾任四川省長，爲五老七賢之一，其後爲民主同盟領導人之一），陳布雷（爲蔣介石委員長文膽，時任侍從室主任），陳公博（曾任國民黨四川省黨部主任委員），周佛海（先追隨蔣介石，後倒向汪精衛），陶希聖（先追隨汪精衛，後反正爲蔣介石的文案）等，我常駐成都，有時赴渝，在蓉因公務關係，與張羣接觸較多，頗爲投契，他特聘我爲成都行轅少將參議。有一次張瀾編印一指責中央不民主的小冊子，污辱蔣介石，分寄各方，我接到一冊。翌晨我見張羣，提及此事，我問張看到沒？他說：「看到了。」我說此事出在成都，岳公（張羣字岳軍）如何處理？他微笑說：「我不會下令扣發，張表方（張瀾別號）希望引起事故，他好告洋狀。」（意指美使館）他又說：「你知道張瀾的過去嗎？他是流亡政府的鼻祖，民初他被逐逃到北京，竟在寓所懸一四川省政府的牌子，其人做風的無恥，可想而知了。」我聽後大笑。

與日斡旋政治技巧

民國三十三年秋，某天清晨行轅秘書長劉壽朋電我，說張羣有急事約見我，我立刻趕到。張神情嚴肅地問我：「閻先生（錫山）前天與日本某大將在安平（晉西山上一小地名）開會，日寇飛機昨飛重慶上空散發開會情形，說閻錫山可能與江精衛政權合作。你知道嗎？」我聽後吃了一驚，旋即答道：「岳公！據我揣想，閻先生或與日本人虛與委蛇，決不會公然做漢奸，閻先生歷經世變，如對袁世凱，即爲一例。閻先生被日寇圍困，處境艱難，也許是他的政治技巧，等一二日即可明朗。」張羣聽後，忽然微笑說：「你答的好。」第二天劉壽朋電我說：「昨天閻先生已致電蔣介石委員長，果然是政治技巧。」諸如此類，張羣爲人穩健細心，遇事能明辨是非，此所以能爲蔣介石的得力元輔，化解隔閡，弼成一代之治。

後來始知尙有一危險插曲，那時戴笠久已注意我，知我與各方面聯絡，頗有疑慮，正擬對我不利，幸經我友徐中齊爲之解說，始未動手，徐時任重慶市警察局長。眞夠險啊！

賈景德早年是閻錫山的秘書長，中日戰起他是閻的駐渝總代表，我追隨他久，他舊學湛深，是甲辰進士，從政經驗豐富。記得我到綏署上班的第三天，他忽面告我：「你替總司令（指閻錫山——晉人早年如此稱閻）擬一覆李宗仁的電文。」那時正值李宗仁通電反抗中央，雙方戰事一觸即發。我說：「怎樣復法？」他說：「你設身處地好了，如果你是總司令，應如何覆。」於是我盱衡大勢，認爲我國決不該再有內戰，勸李宗仁顧念強鄰虎視，應以團結合作，共禦外侮爲是。記得文中有「天生李晟，原爲社稷，民望僕射，有如父兄」之語，如此勉之，翌日送呈。賈景德閱後說：「好！你有如此胸懷，看法不錯。」立即拍發。有一次賈景德談到政治，他說：「政治大部分是庶務，庶政辦不好，談何政治？」又說：「有些人常以民主與憲政爲口頭禪，民主與憲政固然不錯，但要能眞正實行才是，最怕掛羊頭，賣狗肉，民國初年也選過些豬仔議員，就是一例。」

今天想起閻、張、賈三人的作風，閻是識人而用之唯專，張是料事能明辨是非，賈是論政精到，一針見血。尤可佩的，是閻錫山遇有重大事件發生，能立做決定，指示如何應付，不似今日有些領導者遇事優柔寡斷，往往失掉時機。

西安事變驚痛無似

記得民國二十五年十二月十二日，張學良和楊虎城突然將蔣介石委員長扣在西安，世稱西安事變。張楊當夜電達閻錫山，稱係勸請蔣介石容共合作，一致對外。閻錫山立即召集軍政要員商討，有趙戴文、賈景德、徐永昌、朱綬光、楊愛源、孫楚、周玳、王靖國、趙承綬等，當時傅作義任綏遠省主席，未出席。閻錫山首先指出：「此事幕後必為共產黨指使，漢卿、虎城是個傀儡。」立即急電致張楊，文曰：

來電均誦悉。環讀再三，驚痛無似。弟有四個問題，質諸兄等：第一、兄等將何以善其後乎？第二、兄等此舉，增加抗戰力量乎？減少抗戰力量乎？第三、移內戰為對外戰爭乎？抑移對外戰爭為內戰乎？第四、兄等能保不演成國內極端殘殺乎？前在洛陽時，漢兄（指張學良）曾泣涕而道，以爲介公有救國之決心。今兄等是否以救國之熱心，成爲危國之行爲乎？記曾勸漢兄云：今日國家危險極矣，不洽之爭論，結果於國不利，當徐圖商洽。不洽之爭論尚且不利國家，兄等行此斷然之行爲，增加國人之憂慮，弟爲國家、爲民族、爲兄等，動無限之悲痛。請兄等亮察，善自爲之！（按此電由賈祕書長景德起草，文情並茂，傳誦一時。）

一面派趙戴文、傅作義、趙丕廉（時任閻駐京代表）三人赴西安營救蔣介石。惟因傅在綏遠，趙丕廉在南京，候聚同去須時延期。後來證明這一驚天動地的事件，果然是中共幕後導演，這是我親自聽到閻錫山的見解。

安居樂業晉民愛戴

談到閻錫山治晉三十八年，約略言之，一、發展輕重工業，產品自給自足，不需外求，且建有兵工廠，武器可自製自用。二、嚴禁省民煙、賭、贓、欺，煙指吸鴉片，賭指賭博，犯者重罰。贓指貪污，任何人貪污，輕則重罪，重則鎗決。欺指欺騙長官，例判重刑。三、山西省的賦稅很輕，房地每年只徵地丁稅，買賣房屋有契稅均甚輕，無其他捐稅。從未聽過所謂增值稅、遺產稅、贈與稅、所得稅、綜合所得稅……等名目。四、當時晉省各縣市，從未聞有搶案發生，人民如有爭訟事件，必須先經息訟會調解（各縣鄉鎮均有息訟會），調解不成才送法院，法官判案必須毋枉毋縱，否則省當局依規重辦。山西的警察從不敢營私舞弊，犯則嚴懲。山西的法界與警界很少聽到有受賄或索賄事件，這是當時的概括情形。因此晉民安居樂業，故有模範省之稱。

決定大計迅赴事機

我沒直接追隨過蔣介石委員長，但知蔣先生也有立即決定大計的本領，舉一事爲例。當國民黨與在野黨談判合作時，蔣先生希望各黨參加政府，共產黨口是心非。有一次青年黨高層負責人數人謁蔣，談話間提出請將經濟農業兩部長及國府委員二席、行政院政務委員二席畀予青年黨。蔣先生聽後停思數分鐘，忽曰：「好！」立即定案，隔日明令發表。這是青年黨一領袖告我的。可見領袖人才決非平庸之輩可爲，必須有決大計的本領，而且要能迅赴事機，此所以蔣介石閻錫山均爲他人所不及。

今日知人論政，始知後繼乏人，人與人才識高下相距甚遠，緬懷二位，使人不勝欽佩！也許有人會問，你上舉數人他們有無短處？我認任何人也不免有短處，要在看他的長處能否掩其短；蔣、閻二位的長處已足掩其短，這已是非常人了。

談到閻錫山對國家的貢獻，值得一書的是：民國十九年閻錫山、馮玉祥、李宗仁聯合與蔣介石委員長戰爭，世稱中原大戰，閻馮李合作，可見他們的關係非同泛泛。

可是當民國卅八年李宗仁爲代總統，提名閻錫山出任行政院長，兼國防部長，閻氏最後反與蔣介石總裁合作，將政府由穗遷渝，而成都，最後遷來臺灣，世稱戰鬥內閣，繼續與中共對抗，鄙李宗仁投共與之分道而馳。若非閻氏有此深明大義的決定，蔣總統（時已復行視事）何以公開讚揚稱：「閻院長之功不可沒也。」蔣經國主席亦曾謂「中國國民黨的歷史將被重寫」（時任國民黨主席）其意皆指若無閻氏此一決定，臺灣也許早已落入中共手中。這是閻錫山生平最值得國人懷念的事。（本文見中外雜誌三一二期民國八十二年二月號）

一、閻伯川與西安事變

劉健羣先生在本刊（傳記文學）「窺測西安事變的前因後果」一文中，談到當年西安事變發生後全國各方面的反應，他說：

西安事變一發生，南方最重要的地區——廣東中余漢謀總司令先領銜發出通電營救委員長以安黨國。接著北方的閻百川、宋哲元均有情辭懇切的通電發表。當時閻百川先生的文電，情眞意切文情並茂，曾經膾炙人口，認爲妙文。可惜我記不得了。（傳記文學第九卷第四期）

這一段文字似應有較詳細的記載。據我所知，閻伯川先生於西安事變發生後，確曾努力營救過蔣委員長，並拒絕張楊的遊說。張學良和楊虎城於民國廿五年十二月十二日發動西安事變後，消息傳到太原，閻於深夜立即召開軍政緊急會議，到高級幕僚及重要將領計有趙戴文、徐永昌、賈景德、朱綬光、楊愛源、孫楚、周玳、王靖國、趙承綬、楊效歐等，研究事變眞象與如何營救委員長。由機要秘書梁敦厚（字化之，即以後於三十八年四月廿四日於太原淪陷時率五百完人殉國的山西省政府代主席）宣讀南京與張楊來電，並有截獲「紅中社」（當時共產黨在陝北所設的宣傳機構）電報多件，會議連續達數小時。翌日（十三）發出致張楊電，文曰：

來電均誦悉。環讀再三，驚痛無似。弟有四個問題，質諸兄等：第一、兄等將何以善其後？第二、兄等此舉，增加抗戰力量乎？減少抗戰力量乎？第三、移內戰爲對外戰爭乎？抑移對外戰爭爲內戰乎？第四、兄等能保不演成國內極端殘殺乎？前在洛陽時，漢兄（指張學良）曾泣涕而道，以爲介公有救國之決心。今兄等是否以救國之熱心，成爲危國之行爲乎？記曾勸漢兄云：今日國家危險極矣，不洽之爭論，結果與國不利，當徐圖商洽。不洽之爭論尚且不利國家，今兄等行此斷然之行爲，增加國人之憂慮，弟爲國家、爲民族、爲兄等，動無限之悲痛。請兄等亮察，善自爲之。

這封電文由閻的秘書長賈景德先生起草，確實文情並茂，傳誦一時。後張楊曾有覆電，就原電文中一、二、三、四點分別有所答覆，極盡其強辯之能事。最後並說：「我公（指閻）老成碩望，當此千鈞一髮，又知良等最深，良等激於愛國熱忱，行動或涉鹵莽，然此心無他，可質天日。還懇賜以進一步之指教。」旋張楊派代表李金洲飛抵太原謁閻，爭取同情，並祈求轉圜。中央方面亦派代表黃紹竑迅速抵并，謁閻研究如何營救委員長的方法。其他中外代表亦有多起。一時太原冠蓋雲集，爲政治重心。閻在當時的政治地位，顯然舉足輕重。

閻於發出致張楊電後，隨即決定派趙戴文、傅作義、趙丕廉三人飛陝設法營救委員長。後因傅作義在綏遠（時任綏遠省主席），趙丕廉在南京（時任閻駐京代表），分頭啓程，聚集須時，又當時飛機甚少，有的首途，有的尙在候機，致代表尙未全部抵陝，委員長已安然脫險回京。但閻的那封指陳利害的電報，加上他在華北的歷史與地位，對於張楊態度的轉變，應該不無影響。

不過當委員長於十二月廿五日脫險由陝飛京過洛陽時，趙丕廉當天由京以急電向閻報告，閻閱電尙疑信參半，雙手插在腰後褲口（閻習慣如此），在中和齋（太原綏靖公署主任辦公廳，又名南辦公廳，因閻尙有北辦公廳。）寬敞的辦公廳獨自踱來踱去。直至委員長座機抵京，趙丕廉親赴機場迎接，又立以急電報告閻，電文由機要科長吳紹璘（抗戰勝利後擢任太原綏署秘書長）持以迅速呈閻核閱，閻閱畢隨即坐在中和齋的皮沙發上，微點點頭，好久未說話。不知是過份喜悅？或者微感意外？抑或想到自己的代表尚未全部到陝？內心如何，則非外人所能知了。

分析西安事變的終於化險爲夷，不外幾種因素：第一、由於俄共與中共的導演，而又加以對自己做有利的運用。當時蘇俄在遠東遭受日本的壓力，節節退讓，極力隱忍。中共困於陝北一隅之地，軍力僅餘一兩萬人，而又在中央與晉綏、東北數十萬大軍包圍之中。如果委員長萬一不幸，中央政府勢必對張楊和共黨大張撻伐，共黨等於引火燒身，這樣太危險、太划不來了。同時中國如一旦混亂，那是日本軍閥所樂聞的，日本很可能暫時隔岸觀火。所以中俄共利用此一事變，在最緊張時際，影響張楊使委員長脫險，對外造成「兵諫」全爲了要求抗日救國的印象，隨後中共又宣佈願意接受政府節制，表示舉國一致，共赴國難，以刺激日本。第二、委員長的精神感召。當張學良搜查委員長的日記和文件，發現委員長對他的愛護和培植，並對國事憂深慮遠，一秉大公。才知道他自己錯了，所以趕快懺悔補過。第三、全國人心及地方實力派對張楊的壓力。那時全國報紙、刊物、電台、以至上自智識份子下至販夫走卒，大多關心委員長的安全，認爲祇有委員長才有資格領導全國。同時地方實力派先後通電擁護委員長，其中自以閻伯川的一電最有力、也最引入注目。就利害剖析，閻的所以採取如此堅決的態度，也自有其原因。那時共黨勢力與閻隔黃河對峙，且曾數度竄擾晉西，山西境內潛伏共黨力量不小，對閻威脅甚大。日本又屢次製造華北事件，妄圖華北特殊化，先後不斷的對閻威迫利誘，使閻感到極傷腦筋。閻處於雙方夾攻之中，自以推誠擁護中央，以取得協助爲上策了。

按：那時我在南辦公廳服務，深夜綏署接往上班，上述各情乃親與聞，我是上校秘書。本文見傳記文學第九卷第五期，民國五十五年十一月一日出版，總號第五四期

三、張羣與周恩來

民國二十六年日本侵華戰起，我奉太原綏靖主任兼第二戰區閻司令長官錫

山之命，派我以少將代表職銜駐成都辦事，任務是與川康軍政首長及各黨派代表們接觸，以疏解各方對中央的隔閡，促進團結一致抗日，接觸面頗爲廣泛。不久張羣出任軍委會委員長成都行轅主任兼四川省政府主席，由於我與張氏往還較多，張氏聘我爲成都行轅少將參議，鄧錫侯時任川康綏靖公署主任，也聘我爲川康綏署少將參議，我一人兼領三個少將銜。張羣雖然掌握川省軍政大權，實際並無軍隊可以指揮，對川康擁有軍隊的軍人如鄧錫侯、潘文華、劉文輝等，只是羈縻而已，劉文輝從西康以卡車運鴉片來成都分散出售，張羣不聞不問。

民國十九年閻錫山、馮玉祥、李宗仁三人與蔣中正作戰時，張羣奉派赴瀋陽替蔣氏爭取張學良甚力，賈景德和薛篤弼代表閻馮也對張學良作功夫，由於張學良最後率軍入關抄閻馮的後路，閻馮失敗蔣氏一時勝利，閻氏下野避往大連。兩年後發生「九一八事變」，張學良失掉東北，閻氏趁此返回山西，掌握舊部，蔣氏只好與閻復好共赴國難。因此張羣對閻錫山的政治手腕不敢輕視。所以在對日抗戰時，華北軍政動態每有變化，張氏便約我與閻氏溝通。當對日抗戰末期，汪精衛由渝出走至南京與日本談和，組織汪政權，當時因日軍節節進逼，閻氏退至吉縣一小山頭名克難坡，日人多次遊說欲閻與汪政權合作，甚至迫閻氏會談，閻氏將此情形隨時電報蔣氏。有一天清晨，我忽接成都行轅秘書長劉壽朋電話說：「張主任有急事約兄相商。」我立赴行轅，張羣嚴肅地問我：「閻先生昨天和日本軍人在安平開會，重慶上空已有日機散發傳單，說閻先生已允與汪僞組織合作，你知道嗎？」我聽後吃了一驚，稍停我說：「這事閻先生當然不會告我，不過閻先生歷經事變，目前處境維艱，與日人開會也許是虛與委蛇，我想一二日內可以明朗。」張氏聽後一笑說：「希望如你的看法。」第二天劉壽朋忽又電我說：「那件事閻先生已電報委員長，果然是虛與委蛇，所以日人憤而散發傳單。」張氏爲人也很風趣，有一次他在華西壩公館請客，席間除軍政大員外，另有朱綬光（太原綏靖公署參謀長）張大千、董壽平和我，張大千是四川人，是國畫大師，山水、人物、花鳥、無所不能，均爲第一流，與張氏極熟。董壽平是山西人，善畫梅竹，在華北極負盛名。席間我恭維張氏的事功，輔弼領袖，可名垂青史。張氏笑稱：「你過譽了。從古以來政壇上的人物輔弼領袖，除非大有功於生民，如管仲、諸葛亮，可名垂青史，其他人幾年後便被人遺忘了。」

可是名畫家和名寫家，如張大千、董壽平，如王羲之、趙孟頫，他們的成就使人百世難忘。我怎能和張董二君相比呢？」大家聽後哈哈大笑。有一次四川的五老七賢之一張瀾，字表方，抗戰時爲民主同盟領導人之一，他寫印了一小冊，詬罵蔣中正不民主，後面並註說他萬一因此被捕，一定是蔣氏的特務所爲，分寄各方，我也收到一冊。翌日我因事往見張羣，談間我忽問：「岳公！張瀾印散一小冊您看到沒？」張說：「看到了。」我說：「您何不通知郵局扣發它？」他說：「我不會通知郵局扣發，免得他因此告洋狀。」（意指美國大使館）他又說：「你知道張瀾的過去嗎？行爲極爲可嗤。當年他做過爲時極短的四川省主席，被人推翻逃至北京，他竟在寓所外掛一四川省政府的招牌，其無恥可以想見。」張羣曾數任外交部長，也曾組閣爲行政院長，他在外交部長任內，遇到的難題多是對日本折衝退讓代人受過。他與蔣中正的交情極篤，早年黃郛、陳其美、蔣中正、張羣、四人爲盟兄弟。張羣與周恩來極熟，因國共談判，二人爲談判對手。抗戰時張羣的老母住在成都老西門外茶店子，已年事甚高，一人獨居。政府從大陸撤退時，張羣奉命飛赴昆明勸盧漢勿投共，幾乎被扣，脫險後逕飛臺灣，老母陷於成都。及共軍解放成都後，周恩來見到張母，囑左右照護勿擾。周恩來是浙江人，抗戰時任軍委會政治部副部長，我有時在成都，有時赴重慶公幹，我與周恩來、王若飛、鄧發、陳紹禹等均有往還。有一次我問周恩來說：「國共談判是黨對黨談判，何以不取政府對政府談判呢？」周說：「黨對黨談判可以平起平坐，如以我們的邊區政府和中央政府談判，能平起平坐嗎？因為邊區政府相當於省政府，原因在此。」當十八集團軍開進山西，朱德是總司令兼第二戰區副司令長官，他與閻長官相談，朱說希望雙方和平相處至少八十年。我知道後有次問周恩來，周說：「那是朱總司令的希望，以後如何相處要看雙方的實力了。」他的看法很坦白。周恩來和鄧小平、江澤民，都是留法國的勤工儉學學生，他與鄧友誼極深，他返國後在共產黨的地位，原本高於毛澤東，毛由土共起家，從游擊戰逐漸壯大，抗戰末期共黨在遵義會議後，毛一躍而被推為總書記，大陸淪陷後，中共組織中央人民政府，周任國務院總理，大事隨時與毛協商，手腕圓滑。他處事有時頗有人情味，譬如：他是南開中學的學生，校長張伯苓當年因周貧苦，對他多方幫助，大陸撤退時張伯苓陷在重慶，周助他北返平津，派人照護協助，但嚴勸其師勿回南開，怕遭清算。又如齊璜白石老人，是名畫家，家產被共黨沒收，周氏知悉乃令全數返還，並聘齊璜以藝術團長名義，率團出國訪問。又如前述張羣老母陷於成都，周氏也派人照護不准騷擾。這些都是周氏比其他共黨高層人難得的地方。至於鄧小平當年被下放到江西，艱苦備嘗，周恩來力請毛澤東召回，後任副總理兼軍委會副主席，可見周鄧的友誼深厚。周恩來晚年患了癌症，痛苦難忍，每日必須醫生為他打針吃藥，後來他告訴醫生說：「以後不必為我打針服藥了，你可照顧別的病人好了。」他咬住牙關忍痛而死，也可見周恩來的定力了。綜上所述，張羣和周恩來，一個對蔣中正鞠躬盡瘁，一個對毛澤東唯命是從，真是蔣毛二氏的輔弼重臣，他倆都對得起他們的領袖了。惟張羣一生為蔣中正効力賣命，來臺後蔣氏並未提他為副總統，這是蔣中正對不起張羣的地方。記得當美國向廣島投下原子彈後，日本被迫投降，周恩來對我說：「日本這個軍國主義國家不可輕視，我們應緊防日本未來再起。」周恩來眼光敏銳，眞是一個人才啊！

四、抗戰時的在野黨

政府撤退來臺四十餘年，由於政壇上現有三黨競爭，好多人把抗戰時的在野黨幾乎忘了，現在就我所知做個概括的敘述。

民國二十六年日本發動侵華戰爭，我國被迫全面抵抗，此一戰爭一直打了八年，幸而日本悍然將美國駐在珍珠港的軍艦全部擊沉，美國被迫參戰，從此日本節節失敗，最後投降。當時我國犧牲重大，死傷慘重，獲得盟軍助力，始得反敗為勝，並收回臺灣，此中經過繁複，自有專書記載，本文只述當時我國在野黨的活動情形。

我於抗戰爆發那年夏天，奉閻司令長官錫山之命，派我為少將駐蓉代表，主要任務是協調在野黨派，疏解隔閡，一致團結抗日。由於我首先與軍委會委員長成都行轅張羣主任多往還，不久蔣委員長派我兼任成都行轅的少將參議，協助張羣主任與各方折衝。又因我與川康軍事首長往還，不久川康綏靖主任鄧錫侯派我兼任該署的少將參議。我擁有三個少將銜，因而與在野各黨高層人士及川康軍政首長往還更爲方便。那時我國的在野黨，有中國共產黨、中國青年黨、中國民社黨、和民主同盟。共產黨是有武力有地盤的在野黨，其餘都是沒地盤沒武力的在野黨。共產黨那時的武力和地盤雖小，但其目的是與國民黨爭天下。青民兩黨是沒地盤沒武力的在野黨，它們的目是向國民黨爭取開放政權，實行民主政制。民主同盟先名民主政團同盟，共青民三黨都派人參加，後因主持人極力傾向共產黨，青民兩黨認爲民盟已成共黨尾巴，因而退出，民盟乃改稱民主同盟。以後一直追隨共產黨。

共產黨當時的主席是毛澤東，世人熟知，周恩來是駐渝總代表，並兼軍委會政治部副部長，陳誠是部長。我與周恩來甚熟，他才識一流，反應極快，確爲一人才。有一次我問周說：「何以你們只舉行國共談判，而不舉行政府對政府談判？」他說：「我們的邊區政府相當於省的地位，如與國民黨的中央政府談判，顯然地位較低，那是不相宜的。」民國二十六年日本侵華戰爭爆發，共產軍被編爲第八路軍，下轄三個師，以林彪、劉伯承、彭德懷爲師長，朱德是總司令兼第二戰區副司令長官。有一次朱德和閻司令長官錫山會談，他說希望雙方和平相處至少八十年。我知道後有次問周恩來說：「周代表，聽說朱總司令和閻長官相談，希望雙方和平相處至少八十年，您看如何？」周說：「這要看雙方的實力如何，此時未便遽下斷語。」周恩來深謀機智，他的地位原本在毛澤東之上，自從遵義會議後，毛一躍而被推爲總書記，周乃成第二號人物，但與國民黨週旋，始終由周全權處理。我與中共高層陳紹禹、鄧發、王若飛等也晤談過，其後陳紹禹久住蘇聯，鄧發和王若飛由渝北返途中飛機失事跌死，傳係由戴笠陷害，確否待證。陳紹禹是因我於民國二十五年在大公報發表反駁丁文江失敗主義的論文，題爲「讀丁文江先生『蘇俄革命外交史』的一頁及其教訓請教丁先生」，丁文隱喻我國對日只有退讓，以蘇俄當年爲例。我駁他其論調太悲觀了，應該呼籲朝野團結，生聚教訓以抗強權。陳紹禹和康生乃撰文深表同情。當時胡適也撰文對丁文不表贊同，因丁文引起一場論戰。那時我是大三學生，丁胡都是名教授，那時我尚不知陳紹禹做過中共的總書記。

青年黨的高層多爲學人，曾琦是該黨領袖，但曾體弱多病，實際負責人是李璜，李字幼椿，留法，曾任北京大學教授，其人甚有見地，亦有擔當。周恩來、鄧小平、江澤民是留法勤工儉學學生，李璜是自費入法國正式學校，成績甚好。該黨餘如左舜生、余家菊、常乃德、陳啓天、魏嗣鑾，都是名教授。左舜生和常乃德在文壇上均負盛名，左文長於短而有力，常文往往下筆萬言，氣勢雄暢。該黨尙有沈雲龍、黃欣周，亦皆能文，爲後起之秀。抗戰末期，國民黨爲求舉國一致，援引在野黨參加政府，發表曾琦和常乃德爲國府委員，楊永浚和林可璣爲行政院政務委員，李璜爲經濟部長，左舜生爲農林部長，李璜謙而未就，他認爲以在野之身，獻替國事較爲有用，就此一點，可見他高人一等，朝野各黨甚爲少見。後由陳啓天出任。青年黨在四川的黨員甚多，與川康軍政首長的關係亦不錯。楊永浚字叔明，是西康省政府的秘書長，劉東巖是秘書處長。曾琦李璜和川康軍政首長均有交情，楊永浚是青年黨與川康軍人拉攏關係的重要人物。我和楊永浚極熟，幾乎每週晤談二三次，他爲人儒雅，工於撰古詩，他是清末侯爵楊芳的後人，門第甚高，賈景德那時是閻錫山院長的秘書長，由我介紹和楊晤談過兩次，他很欣賞楊的古詩，政府由蓉撤退時，賈於百忙中贈楊飛機票一張，勸他來臺，楊因顧惜家人未來，傳於成都解放時殉國，至爲可惜。常乃德字燕生，文名極高，他是青年黨新中國日報的總主筆，行文極速，並兼華西大學教授。有一次他出席參政會，由汪精衛主持，參政員中包括各黨派高層人物，主席宣佈應發表一篇宣言，昭告中外我國在抗戰時對內對外的立場，各黨互推撰稿，推到青年黨，常乃德應聲執筆，約半小時而文成，要言不繁氣勢浩瀚，全場鼓掌一致通過。從此文名益高。

民社黨原名國社黨，後改今名，張君勱是該黨領袖，他是有名的政治學教授，對各國憲法有獨到見解。當年朝野各黨共同開會制憲，青民兩黨堅主三權分立，國民黨主張五權架構，雙方堅持，後來折中爲形式上行政、立法、監察、司法、考試五個院，國民黨爭到面子，實際上行政、立法、監察三院權大，在野黨爭到裏子，當時張君勱發言最多。張氏逝世較早，後由徐傅霖和蔣勻田參加政府。那時共產黨和國民黨裂痕日深，未參加。

民主同盟由張瀾任主席，梁漱溟爲秘書長。張瀾字表方，四川人，野心甚大。早年一度做過四川省長，被人推翻，他逃往北京，竟在寓所門口懸一四川省政府匾額，一時士林引爲笑談。這是張羣主任親口告我的。梁漱溟爲一名學人，曾撰「東西文化及其哲學」一書，蔡元培閱後立即聘為北大教授。他認欲圖我國富強，應從消滅農村文盲做起，授以簡單技術，使有謀生能力。曾請准當局在河北定縣試行縣自治，後因抗戰一起停止。他自視甚高，抗戰時因不滿執政黨不民主，乃與張瀾合作主持民主同盟。民盟助共產黨和國民黨對抗，但在中共控制大陸後，聽說梁漱溟因事時與毛澤東發生爭執。某次梁病，他對他兒子說：「我不能死，我死天地為之反復，宇宙為之變色。」他自視之高如此。

除青民兩黨和民主同盟外，在野黨派尚有所謂社會賢達，如張伯苓和王雲五等，又有所謂七君子，如沈鈞儒、黃炎培、鄒韜奮、張東蓀、史良等，他們並無特殊主張。張伯苓和王雲五後來參加政府做了高官，沈鈞儒和張東蓀等傾向中共，我和他們無往還。

國民黨當年對青民兩黨也是敵對不相容的，青年黨和國民黨溝通，是由左舜生而起。當中日戰爭未起前，政府為應付日本，特組華北政務委員會，由黃郛任主任委員，負責與日本折衝。那時日本謀我日亟，屢欲唆使漢奸發動所謂華北特殊化，我政府使黃郛在可能範圍內對日談判退讓，目的在緩和日本發動侵華戰爭，因此國人紛紛指摘黃郛斥爲漢奸，黃郛與蔣委員長是盟兄弟，只有忍辱負重，但內心鬱鬱。某日上海時事新報上有篇短評，同情黃郛的處境，認爲係爲國隱忍，黃閱後大爲感動。因作者用筆名，黃乃電詢該報，得知係左舜生，因此黃與左建交，不久介紹左與蔣委員長見面，蔣乃聘左爲中央政治學校教授（該校即政大前身），國青兩黨關係從此疏解。民社黨領袖張君勱之弟張嘉璈，那時任中國銀行總經理，與政學系要人吳鼎昌同爲銀行界巨頭，由此管道與國民黨溝通，因而兩黨關係得以疏解。由於民社黨的黨員遠不及青年黨員多，它與各省地方領袖的關係較少，因而國民黨對民社黨較少敵意。

每一個黨或省地方領袖的作風，都是多方面的。我在成都得悉實力派鄧錫侯和劉文輝，他們都指定心腹某人走中央路線，某人與中共密切聯繫，某人與晉綏領袖，某人與雲桂領袖聯繫。青民兩黨大致亦復如此。當汪精衛出走在南京組織汪政權時，其政府中有兩個部長一是趙毓松，係青年黨；一是諸青來，係民社黨。後來青民兩黨都宣稱那是他們自己的行動，非黨所指使。

有一件事我要在此特別說明，當年朝野各黨努力多年，費盡心智好容易制定一部中華民國憲法，爲今後治理國家的寶典。今日竟然隨便修改，面目全非，這是太對不起全民的地方。我想識者應有同感，將來史家應有定評。

五、記黃國書

黃國書院長寂寞地去世了，時間是民國七十六年十二月八日，終年八十三歲。

筆者和黃國書認識已三十四年之久，由於見面的機會較多，因此對他的生平也知道的不少。世人知道的也許是他在政壇上輝煌的一面，對他默默中對國家和社會的貢獻，恐怕知道的人不多，現在他已去世了，於情於理，我應該寫出來讓讀者知道。

黃國書是臺灣省新竹縣人，原本姓葉，名焱生，民前七年（一九〇五）七月八日生。他所以改名換姓，是因爲幼時不滿日本人的蠻橫統治，以高壓手段對付臺胞。有一次因故與日警衝突，他認爲受了奇恥大辱，乃痛下決心潛赴祖國大陸，加入國民黨，矢志報仇。那時才十六歲，初入上海的暨南大學，攻讀政治經濟，後來想欲圖報仇雪恥，最好學武，乃改以炎黃子孫的黃字爲姓，更名國書，賴當時北伐軍總司令蔣公的資助，赴日本考入士官學校，後又入日本砲兵專科學校，他在士官學校第十九期畢業時，名列第一，獲得日本武士道軍刀獎，這在當時是留學生罕有的光榮。

回國後，他先執教於中央軍校和砲兵學校，後調軍職，由連長、營長升至砲校戰術主任。民國二十三年奉派赴歐考察軍事，順便入德國砲專和法國戰術學院深造，從事機械化和砲兵高級戰術的研究，造詣更深，他與鄒作華、彭孟緝後來被譽爲我國砲兵三傑。在對日抗戰之初，他任獨立砲兵團長，不久以功升任獨立砲兵旅長，奉命戍守黃河，以一旅之衆與敵人原田師團隔河對峙，達一年以上，使敵人不能越雷池一步。其後積功升任師長、軍參謀長、副軍長等職。在中原戰場上，大小戰役三十餘次，每役都身先士卒，尤其在著名的豫西會戰時，他奉命防守武關、前門、西峽口一帶，經十晝夜浴血奮戰，殲敵逾萬，終於使當時戰局轉危爲安，備受統帥部嘉獎和民衆的讚揚。這是他在抗日戰爭上的卓越貢獻。

抗戰勝利，臺灣光復，他返回故鄉，先任臺灣警備總司令部中將參議兼高參室主任，和鐵道管理委員會委員。當著名的「二二八事變」發生時，他奉命單槍匹馬赴中部疏解亂民誤會，途中迭經驚險，幾乎爲流彈所中。惟仍百折不回，冒險改裝前進，終於到達新竹和臺中一帶，向誤信流言的武裝群衆開誠疏解，說明誤會，百端懇勸，終使群衆看法改觀，轉危爲安，得使中部一帶免於流血。同時他又向當局力保，將臺省聞人許丙、和辜、林、劉等大戶十餘人開釋，後來這些人都轉而擁護政府。他這種溝通中央和地方情感的橋樑工作，大有助於臺灣社會的安定，因此獲得政府的重視，和大多數臺胞的信賴。民國三十五年，他當選制憲國民大會代表，開會時又被推爲大會主席團之一，這無異顯示了他爲地方信賴和中央重視的明徵。在數十人組成的主席團中，他是唯一的臺灣人，也說明他的政治前途光芒初射。民國三十六年，他以四十萬票當選立法委員，當政府遷臺之初，他又從旁多方協助同仁，獲得好評，樹立人緣，並隨時在地方上宣導中央德意，終於在三十九年十二月間，當選了立法院副院長，在全國數百名委員中、在臺籍數十名委員中，他脫穎而出。以後於民國五十年二月間，他又蒙中央提名，以三百數十票當選立法院長，直至六十一年二月始辭卸仔肩。他在院長任內十餘年間，主持院務，和衷共濟，上而貫徹中央意旨，下而反映地方民意，爲立法院遷臺以來最和諧而發揮議事功能時期。他所以能在政壇上逐步上升，取得重要地位，這不能不歸功於他多年來努力溝通中央與地方情感，有助於社會安定的貢獻所賜。

此外，有兩件事也許好多人未必深知。第一、黃國書院長也兼任過臺灣省合會儲蓄公司的董事長，直至他當選立法院長後才辭卸。合會是從日本人手中接收來的一個融通民間資金的組織，最初十分簡陋，經他大力整頓，建立制度，增加資本，充實人事，擴展業務，發揮民間資金互惠橋樑的功能。幾年後蓬勃發展，成爲二十多年前民間融通資金的主流，因爲它使民間彼此融通有了保障，爲中小收入者解決了不少問題。以後臺灣全省各地先後成立了區合會六、七個之多，都是取法乎省合會，一時成爲一股頗具勢力的金融事業，現在政府已核准它們改組爲省與地方中小企業銀行。如以現在通貨膨脹臺幣泛濫的情況來看，銀行資金苦於貸不出去，當然不需要合會。但在二十多年前，中低收入者苦於告貧無門，黃先生主持的這個組織，替他們解決了不少困難，正如寒冬送暖，久旱甘霖，這不能不說是對中低收入者的一大貢獻。

第二、他也長久擔任臺灣省社會救濟事業協會的理事長，這是一個民間慈善救濟團體。但是，原來是由臺灣省社會處發起，連辦公人員也暫從該處調用，於民國三十七年成立，目的在協助政府從事社會救助的任務，延請黃國書出任理事長，一直連續當選迄於逝世。這個團體原本一無所有，賴黃國書從菲律賓華僑募得一筆基金，才購置臺北市懷寧街五十四號現在的會所，又先後從國外募得數大批衣物，分存倉庫，才展開救濟業務。四十年來，該會辦理急難救助，範圍至爲廣泛，包括貧困、病厄、傷殘、孤苦、失業、災變、以及未受輔導之榮民和輾轉街頭的乞食者等，只要前往申請，無不伸出援手。在十多年前，每日發出救濟金人數及領乘車半價票數的，平均約在一百至一百五十人左右，其中大部分爲難胞直接申請者，也有各機關介紹前來的。該會特有的一種半價乘車票，是經政府特准，限於搭乘普通號火車，除該會直接發放外，並分發給全省各縣市社會救濟協會和縣市政府轉發，以疏救全省各縣市間的急難無告而臨時需要車票的人。但該會以有限的財力，應付無窮的申請，數十年來，逐漸不勝負荷。省社會處又因政府既已增設公立救濟院所，已無需補助民間救濟團體，乃將該會年僅數萬元的救濟補助費，於十多年前乾脆取銷。黃先生認爲此數萬元的補助，等於杯水車薪，發揮的作用極爲有限，此後應一切求其在我。不過政府既已倚重公立救濟院，民間團體不妨改變救濟方式，他於是改以大量募集衣物的方式，直發或透過省社會處通知全省各地的養老、育幼、婦女、殘障院所和鹽民、漁民團體，逕向該會請領，再轉發難胞。以近數年來爲例，每年發出的全新衣服，少則二、三萬件，多則四、五萬件，受惠者爲數頗鉅。該會並協助失業難胞，隨時洽請輔導就業機構爲他們介紹工作。對於病苦難胞，隨時介紹他們到慈善醫療院所免費就醫。並於每年年節、中秋、冬令，各辦臨時救濟。惟該會從來不對外宣傳，四十年來只默默奉獻，從臺北市到全省各地以至山邊海隅，遍及全島。這些事，也許世人知道的不多。

談到黃國書的爲人，他平易近人，民族意識甚強。有一次談到我們未來究將是一個中國？或兩個中國？他說我國春秋戰國時期，儘管列國分立，但尊周攘夷，維護大一統的體制，極爲正確。由此看出他的志節。近十年來，他辭卸院長後較暇，每日以繪事和書法自娛，客廳裏所懸的書畫，都是自己的作品。他的畫，多爲花鳥和人物，書法近似歐陽詢。他健談，高興時每談往往一個小時。有時評論當代人物，談罷往往微笑囑託聽者說，不必爲外人道。

現在，黃國書已去世了，這位抗戰時爲國家立過汗馬功勞，並對復興基地有過重大貢獻的人，在臺灣省籍的聞人中，他無疑是一位佼佼者。目覩當前國內議會擾攘脫序的局勢，緬懷既往，令人興起對他有無限的懷念。

黃氏逝後我輓以聯曰：

抗戰名將立院元勛論事功早光史乘

安臺橋樑貧病褓姆其貢獻永在人間

又曰：

名就功成已建千秋業

施貧救苦普惠百萬家

（本文見傳記文學第三〇九期，民國七十七年二月號）

六、記李達海暨中油人物

前經濟部長李達海年前不幸病逝，終年七十六歲。李達海係西南聯大畢業，早年進入甘肅油礦局服務，中油人稱爲老君廟時期。政府遷臺後他進入中油高雄煉油廠，由基層升任副廠長、廠長，後升中油公司總經理、董事長，先後四十餘年。我來臺後先任中華日報主筆，不久轉任大學教授，兼中油公司監察人，歷二十七年之久，後轉任顧問五年，先後在中油亦三十餘年，與李氏極熟。李達海爲人達觀，不喜逢迎，由於蔣經國有一次到高雄煉油廠視察，李達海南下迎接簡報得體，獲得蔣氏信任，不久便拔擢他爲經濟部長。記得有一天中油董監聯席會議剛開完，行政院有電話召李達海有要事，李即匆匆前往，翌晨我電李笑問是何喜事，李笑說：「是，俞院長要我去經濟部服務。」我立即說：「恭喜，恭喜！」他說昨晨他正出門上班，遇宋楚瑜於途，宋對他笑說：「恭喜，恭喜！」他說：「喜從何來？」宋笑說：「一二日內你就知道了。」那時兩人都住在建國南路，是鄰居。數日後李到部接事，他在任內是分層負責，不喜一把抓。妙在當徐立德任部長時，不斷出事，李達海任內便風平浪靜，也許是運氣吧！李達海接任後有一天突然電話問我：「請問如何觀人，兄能否告我？」我略思告他：「戰國時代李克對魏文侯有幾句話說：『居視其所親，富視其所與，達視其所舉，窮視其所不爲，貧視其所不取。』循此五點觀人，雖不中不遠矣，史稱『李克論相』。」李聽後說：「謝謝！領教不少。」此後也隔時與我討論問題。李達海經常對人說，他只講公誼，不講私交，他用人能信任人，這是他的長處。李達海卸任後，受聘總統府國策顧問，逝世前又兼工研院董事長。

中油成長於抗戰艱苦時期，前後出了許多人才。如歷任董事長中，凌鴻勛、柳克述，都是學者。凌前嚴家淦氏曾兼任一短時期，我沒趕上。凌鴻勛當年是有名的築路專家，是大陸時代築路功臣，他學養甚深，三十歲就任交通大學校長，政府撤退來臺前後，曾任交通部政務次長，爲人公正廉明，令人欽敬。柳克述在陳誠任第六戰區司令長官兼湖北省政府主席時，柳是陳的秘書長，其後當選立法委員，又轉任交通銀行董事長，繼凌爲中油董事長。柳爲人儒雅可親，自謂繼淩公當蕭規曹隨。在中油總經理中，金開英資格最老，歷任總經理中，如胡新南、李達海、陳耀生；副總經理中（以前稱協理）如張光世、李林學、張明哲、詹紹啓、董世芬、楊玉璠、靳叔彥、張人偉等，都是他的後輩。金開英對煉製及業務極熟，每當董監聯席會議時，他報告的各項業務頭頭是道，他用人也甚精簡。那時在董事中，以劉景山資格最老，他是當年宋子文的得力助手，與顧維鈞是美國著名大學的同學，當年他在北洋政府任職時，是淩鴻勛的長官。董事郭澄是國民大會秘書長，歷佐蔣總統父子，政聲頗佳。總經理中，胡新南和陳耀生，退職後相繼轉任中美和公司（中美合資）董事長。在副總經理中，張光世主管業務，後來升任經濟部國營會執行長，又升政務次長，贊襄孫運璿部長長甚力，孫任行政院長後，乃擢升張爲經濟部長。李林學處事有條不紊，後來升任台碱董事長。張明哲先任高雄煉油廠長，升副總經理後，不久轉任國科會主任委員，又兼國立清華大學校長。詹紹啓任中油駐美代表，處事極速，爲中油駐外代表中最優秀人才，後來離開中油，轉任一民營公司董事長兼總經理。董世芬先任高雄煉油廠廠長，後來繼任中化公司董事長。楊玉璠先任苗栗探勘處處長，後繼李林學爲台碱董事長。退休後是中油顧問，撰寫「油人煙雲」，文筆犀利，極爲精采，輯爲專書，其中將中油以往煉勘及業績，從老君廟迄來台四十多年記述甚詳，不啻一部中油煉製探勘史。靳叔彥先任苗栗探勘處長，後升副總經理，並在清華大學兼課，他博學能文著作不少，是中油副總經理中唯一取得博士學位者。張人偉先任財務處長，後升副總經理，後屆齡退休，自己成立一公司任董事長。此人對財經業務極熟，爲一不可多得的專家。中油先後有兩人升爲部長，一是張光世，一是李達海，一人升爲國科會主任委員兼國立清華大學校長。張明哲後來辭職赴美，專門以佈道爲業。總之，中油公司人才濟濟，本文所介紹的難免有遺珠之憾！

（本文見傳記文學三九四期民國八十四年三月號）